Alex Lombello Amaral

Primavera de Praga

Estudos Vermelhos – São João del Rei

Índice

Introdução

Para analisar o episódio conhecido como a Primavera de Praga, fizemos uma recapitulação da história do movimento comunista diretamente envolvido com os acontecimentos de 1968. Como à frente dos oponentes haviam dois Partidos Comunistas, o da União Soviética (PCUS) e o da Tcheco-Eslováquia (PCT) inserimo-nos nos debates marxistas. Mais do que sobre a história da Tcheco-Eslováquia, consideramos que este assunto é esclarecedor sobre a história do URSS e do socialismo no século XX.

1917 – Um Estado socialista

O início do século XX, entre os marxistas, é marcado por profundos debates a respeito do desenvolvimento do sistema capitalista (o debate sobre o imperialismo), da luta de classes (sobre as possibilidades de acordos, conciliações, avanços, recuos, organizações), do conceito de democracia e do Estado (se é ou não possível construir o socialismo sem destruir o Estado da burguesia, se o Estado é mesmo da burguesia, se ampliou-se, se aperfeiçoou-se.). Estes debates, até porque se envolvem com todo o processo da Revolução de Outubro, marcarão profundamente o século XX.

O debate marxista sobre democracia embasa-se no debate sobre o Estado, por sua vez ligado ao debate sobre a luta de classes, umbilicalmente ligado às discussões sobre o desenvolvimento das forças produtivas e dos modos de produção a estas relativos.

Sabemos que dois são os eixos estudados pelos marxistas para suas interpretações da história – um a luta entre as classes e outro o desenvolvimento das forças produtivas (o que vulgarmente se chama de "economia como motor da história"), que se relacionam. O desenvolvimento das forças produtivas ocorre em determinadas relações de produção (entre as classes, que já surgiram umas exploradoras e outras exploradas, portanto inimigas), que as classes dominantes procuram manter. Mas se as relações de produção surgem liberando o crescimento das forças produtivas, à medida que se conservam tornam-se em obstáculos a este crescimento.

Diferentes relações de produção e graus de desenvolvimento das forças produtivas são próprios de modos de produção diferentes. Das relações de produção, mais especificamente da correlação de forças entre as classes sociais, de forma a tentar manter essa correlação, surgem os regimes políticos, ou seja os formatos oficiais e reais do Estado.

Um regime político é mantido por uma classe social via repressão e opressão, ou contra antigas classes sociais, vencidas mas não extintas (a extinção de uma classe social é tão mais difícil à medida que trata-se de seres humanos, produtores de idéias, cultura, valores – e sabemos o quanto resistem as ideias), ou contra novas, que são revolucionárias ou simplesmente inimigas por questões econômicas (o que para o socialismo constitui importante diferença qualitativa). Para oprimir, as classes dominantes se forjam, se organizam, enquanto Estado. Portanto os marxistas concordam com os anarquistas em que todo Estado é uma ditadura. Ou pode uma máquina de opressão ser uma democracia?

Alguns Estados organizam-se de forma democrática. Por exemplo, Napoleão é responsabilizado pelos marxistas como construtor do Estado burguês da França (coroou-se Imperador, um ditador.), a III República também era um Estado burguês da França, mas tinha um parlamento, voto livre e a Frente Popular até venceu eleições (só para provar que o Estado francês nunca deixou de ser uma ditadura da burguesia, apesar de seu formato democrático). Para os brasileiros ficou mais fácil compreender isso depois que elegeram sua própria Frente

Popular, quase um século depois dos franceses, mas com o mesmo resultado desanimador.

Lênin (que estudou bastante estas peculiaridades) cansou de explicar que o Estado burguês podia ser uma democracia para os burgueses, mas seria sempre uma ditadura contra o proletariado. O Estado proletário devia ser uma democracia para o proletariado e seus aliados, mas uma ditadura para a burguesia. A ditadura **do** proletariado.

Os socialistas, ainda em meados do século XIX (*O Manifesto Comunista*, de 1848), analisando o capitalismo, encontraram características que, sinceramente, à época se pareciam mais com uma ficção futurista. A divisão da sociedade capitalista em dois grandes blocos, capitaneados pela burguesia e pelo proletariado; a internacionalização da economia; a revolução constante das forças produtivas varrendo indústrias e criando outras novas. O capitalismo de hoje é como o do *Manifesto*, enquanto na época de sua publicação mesmo a Inglaterra tinham muito mais camponeses que proletários e burgueses somados, e os parlamentos tinham mais nobres que qualquer outra classe. Mesmo assim, Marx e Engels viram por trás dos panos o poder do capital, e calcularam o poder do proletariado.

Em 1871, na Comuna de Paris, os operários criaram formas próprias de administrar a cidade (por dois meses). Marx entendeu que criaram um novo Estado, criticou sua anterior idéia de que o proletariado deveria tomar o Estado da burguesia e depois usá-lo, formulando a idéia de que os operários de Paris ensinaram o caminho – criar um Estado do proletariado, como um desenho completamente novo. A leitura dos textos de Marx e Engels sobre a Comuna, reunidos ou sob o título de *A Comuna de Paris*, ou sob o título de *Guerra Civil em França*, é fascinante. Deve-se tomar cuidado com um erro que circula na maioria das edições em português. Na Comuna todos os cargos públicos eram revogáveis, ou seja, podiam ser depostos pelos eleitores, mas em várias traduções para o português a palavra revogabilidade é traduzida como amovibilidade, ou seja, como seu oposto. Os Bolcheviques tentavam seguir *"os princípios da Comuna"*.

Até fins do século XIX o capitalismo vivia sua fase econômica liberal (concorrencial) e as principais contradições entre o proletariado e a burguesia ocorriam nos países centrais do capitalismo. A partir também de 1871 a economia mundial começou a mudar significativamente. A leitura de Lênin era que o capitalismo entrara em nova fase, sua fase imperialista, que *"se tivéssemos que resumi-la em poucas palavras, diríamos que é a fase monopolista do capitalismo*", levava também à conclusão de que as principais contradições do capitalismo seriam em *"seus elos mais fracos"*, não necessariamente nos países centrais. Para Lênin era uma boa notícia, pois significava que poderia acontecer a Revolução na Rússia antes mesmo que ela acontecesse nas potências capitalistas. Essas reflexões, nas quais Lênin discorda de Marx, encontram-se em *Imperialismo, fase superior do capitalismo*, de 1913.

A Revolução de fato ocorreu nesse país, embora considerado imperialista, periférico, pouco desenvolvido. Mas só depois de ocorrida é que Lênin constatou que se era certo que uma revolução nos países centrais se espalharia pelo mundo, não era tão certo que as burguesias dos países centrais não resistissem à onda revolucionária iniciada em um país periférico. A Rússia precisou caminhar para o socialismo sozinha. Definitivamente, não era esse o plano.

Os problemas para o caminho da Rússia não eram poucos. Interessante que dizem respeito, os principais, aos acontecimentos de 68 na Tcheco-Eslováquia. O Problema das nacionalidades (havia mais de uma dezena de povos dominados pelo Império Russo, quase uma dezena dominada pelo antigo Império Austríaco no território da Tcheco-Eslováquia.); O problema da democracia; Os problemas econômicos.

Vamos por partes. Na União Soviética a questão das nacionalidades foi respondida por Lênin e Stálin (baseados, é claro, em tudo que havia de formulações até então) de forma nova. Defenderam e aplicaram (vide a independência da Finlândia) a autodeterminação dos povos. As repúblicas socialistas tinham governos próprios, os povos tinham todos os direitos dos russos. Havia inclusive, até 1956, um Soviet com representações iguais e amplos poderes no tocante às relações entre as repúblicas. Ocorreu uma polêmica entre Lênin e Rosa Luxemburgo, a qual era contra a autodeterminação, que segundo ela, beneficiaria as classes dominantes dos rincões do antigo Império Russo. Lênin respondeu que não respeitar a autodeterminação beneficiaria as classes exploradoras da Rússia (Stálin acrescentaria que beneficiaria também a burguesia dos países capitalistas, os quais ficariam em situação mais difícil perante suas colônias se os socialistas dessem um exemplo correto.). Até a década de 1950 a União Soviética superou sem grandes problemas a maioria dos problemas com suas diversas nações. Mas logo começariam os problemas.

A questão econômica passou por várias fases. A do "comunismo de guerra" foi emergencial, marcada por requerimentos de alimentos aos camponeses, pelo cancelamento da dívida externa, trabalho intensivo na indústria, trabalho voluntário, abolição da moeda, tudo centralizado pelo Conselho de Comissários do Povo – todo o país, um exército, nem todos os soldados voluntários.

A Nova Política Econômica (NEP), foi um momento de reconstrução da economia russa, para possibilitar o início da construção do socialismo. As suas premissas teóricas baseavam-se da concepção de que determinado grau de desenvolvimento das forças produtivas correspondem a determinadas relações de produção e a determinado modo de produção (Construir o socialismo na Rússia de 1920, seria tentar mover um transatlântico com o motor de uma mobilete). Lênin (defensor maior da NEP) considerava a NEP um recuo (necessário, indispensável, mas recuo):

> *"Ocultar às massas que a atração dos especialistas burgueses, por meio de salários extraordinariamente elevados, é um desvio dos princípios da Comuna, significaria descer ao nível dos politiqueiros burgueses e enganar as massas. Explicar abertamente como e porque demos um passo atrás, discutir publicamente quais os meios que temos para recuperar o tempo perdido, significa educar as massas e aprender com a experiência, aprender juntamente com elas a construir o socialismo."* (em *As tarefas imediatas do poder Soviético*).

Quais as concessões que estavam sendo feitas, na concepção de Lênin? Em resumo. Forças produtivas eram alocadas por prazo determinado para capitalistas russos ou estrangeiros. Comerciantes trabalhavam para o Estado por comissões. Empresas mistas de capital privado e estatal. Empréstimos com o estrangeiro. Técnicos recebendo altos salários. O aluguel de empresas para capitalistas.

Outra característica importante do período é o novo "acordo" com os camponeses. Acabavam as requisições, voltava a existir moeda, criava-se impostos em espécies e o resto dos produtos passavam a ser comercializáveis. Lênin classificava em 5 tipos as diferentes economias Russas – A camponesa, a pequena produção mercantil, o capitalismo privado, o capitalismo de Estado e o socialismo. Com a NEP a economia russa se recuperou.

De 1929 a 1933 teve fim a NEP. Manteve-se a diferença salarial para atrair os técnicos, a base técnica e divisão taylorista do trabalho, assim como alguns empréstimos (poucos e por pouco tempo). Contudo, iniciou-se a socialização do campo e das indústrias, sendo estas últimas socializadas quase imediatamente. Para desenvolver o país na velocidade necessária a socialização foi indispensável, mas gerou uma tremenda crise política com os camponeses, que está na raiz da malfadada Constituinte de 1936.

Foi aplicado o primeiro plano quinquenal. Com a economia planificada, a Rússia, de país pouco desenvolvido tornou-se a segunda economia do mundo. Antes da guerra foram 3 planos – 1928 a 32 (média de 13,2% de crescimento anual), 1933 a 1937 (16,1%), 1938 (quando foi interrompido pela guerra apresentava uma média de 12,5% ao ano). É o início da construção do socialismo. A crítica socialista à economia capitalista não tangencia o liberalismo. Conclui que a economia planejada pode e deve funcionar melhor que a "livre". O planejamento da economia russa não se fez por tentativas, pelo acaso. Partindo do estudo da via prussiana de desenvolvimento, a URSS concentrou recursos no desenvolvimento da indústria de bens de produção (Em 1913, 44,3% da produção era de bens de produção. Em 28 eram 32,8%. Em 32 eram 53,3%. Em 37 eram 57,8%. Em 40 eram 66%.). O desenvolvimento capitalista liberal (EUA, Inglaterra, França) era retardado pela capacidade de investimentos da burguesia atuando a retalho, cada capitalista correndo sozinho ou em pequenos grupos demorava a acumular capital para os altos investimentos, de longo prazo, necessários para as indústrias de base. Isso porque hoje se sabe que mesmo nesses três países na verdade o Estado atuou pesadamente na economia e sem essa intervenção não haveria capitalismo nenhum. Mas a Prússia atuou mais, com intervenção maciça na economia, acelerou o processo, investindo em indústrias de base. Daí o termo Via Prussiana, caminho de fato utilizado em diferentes graus e de diferentes maneiras por diferentes países.

Mas o que eram estes planos quinquenais tão eficientes ? Eram só investimento em indústria de base ? O planejamento era centralizado por Ministérios Centrais, mas nele, principalmente nele, participava todo o Estado.

Qual democracia ?

Em 1917 existiam, na Rússia, Conselhos (Soviets) que tinham sido originalmente organizados na revolução de 1905. Eram conselhos de fábricas, quartéis, escolas etc. Conselhos do povo, que enviavam deputados para um Soviet municipal, daí para um Soviet regional e para o Conselho dos Conselhos (que no futuro ganharia o nome de Soviet Supremo). Foi esta estrutura que ganhou a confiança e o apoio da maioria do povo disposto a lutar.

Tomado o poder, esta estrutura passou a indicar comissários (à forma de Ministros) que compunham o

"Executivo" – O Conselho de Comissários do Povo. De outra forma não era indicado o centro da organização dos planos quinqüenais, nem orientado este plano.

De 1917 a 1927, mais de 12,5 milhões de pessoas já haviam participado como **deputados** dos Soviets. De 1924 a 1934 o número de participantes dos Soviets cresceu 12 vezes. Foram criadas comissões de estudos para acompanhar os Soviets e auxiliar na formação do povo. Em 1936 já haviam mais de 400 mil destas comissões. De 24 a 25, dos 37 milhões de participantes, metade participou das reuniões preparatórias. De 34 a 35, dentre 77,4 milhões, 85% participaram. No Congresso dos Soviets em 1922, 44% eram operários, 27% eram camponeses.

Os deputados continuavam em seus locais de trabalho e podiam ser depostos a qualquer momento. De 31 a 34, 18% foram depostos.

A participação de mulheres era significativa. De 1922 a 1934 a proporção de mulheres passou de 8,5% para 34% nos soviets urbanos, de 1% para 26% nos rurais.

Ao contrário do que se imagina, os Soviets não eram instrumentos dos comunistas. Em 1934, nos Soviets urbanos, 45,3% dos deputados eram comunistas. Nos Soviets rurais este número caia para 18,9%.

Existe uma declaração de Lênin bastante significativa e da qual devemos nos lembrar ao discutir a Tcheco-Eslováquia:

> *"O Partido deve levar à prática suas decisões pelo conduto dos soviets e nos marcos da Constituição soviética. O partido se esforça para dirigir a atividade dos soviets e não por suplantá-los."*

Uma nova Constituição foi votada por esta estrutura em 1936, depois de cinco meses de debates. A nova Constituição permitiria a participação de todos, de não-trabalhadores e do resto de burguesia da URSS. De fato essa Constituinte colocou fim na democracia soviética e na ditadura do proletariado. Na nova Constituição foi instituído o voto secreto, em lugar do voto aberto (*"Era mais fácil, nos primeiros tempos, reunir os camaradas no local de trabalho, a qualquer hora, discutir e votar da forma mais simples, levantando a mão. Por outro lado, os trabalhadores tinham interesse em saber a posição de cada um."* – Rogério Lustosa.). Mas o grave foi a reforma dos soviets de nível superior, com grandes eleições diretas à moda ocidental. Os Soviets, os conselhos mesmo, nas fábricas, foram esvaziados à mediada que perderam poder. É claro, também tinham outros problemas, como a queda de participação por falta de entusiasmo ou paciência.

Stálin, não sabemos se na impossibilidade de fazer outra coisa, se por inocência ou por necessidade de maior controle partidário (esperava-se uma Guerra desde 1930), declarou:

> *"Se aqui e ali o povo eleger homens hostis, isto quer dizer que nosso trabalho de agitação não vale nada e que merecemos semelhante vergonha; se, pelo contrário, o nosso trabalho de agitação for feito à maneira bolchevique, o povo não deixará que os elementos hostis se instalem nos órgãos supremos. Por conseguinte, é preciso trabalhar e não gemer."*

Ao que parece partia da premissa, a nosso ver incorreta de que:

> *"...já não há classes antagônicas, que a sociedade se compõe de duas classes amigas, a dos operários e a dos camponeses..."*

Da Revolução de Outubro ao "Golpe" de Praga

Um molde de Partido, de Revolução e de Estado

No início do século, quando dos debates sobre o Imperialismo, o Estado e a democracia, havia uma questão que se informava por todas estas – O partido, sua tática e sua organização. Uma tática revolucionária (era o que queria Lênin baseado na idéia de que só com a revolução, com a destruição do Estado burguês e a construção de outro Estado, proletário, podia-se caminhar para a construção de uma sociedade totalmente nova, socialista), necessitava de uma organização revolucionária.

A revolução exigia portanto preparar o proletariado para se constituir em classe dominante, ou seja, versar seus lideres em política, economia e tudo o mais. Para isso o Partido precisava abandonar suas vacilações e inserir o debate político e ideológico em todas as suas atividades, precisava ter quadros preparados para formular, colher informações, realizar todo tipo de tarefa. Precisava ser um exército, ser a semente de um Estado proletário, capaz de enfrentar o Estado burguês. Na Rússia, pela primeira vez, o socialismo cientifico produziu uma tecnologia.

Para explicar todo o debate sobre as organizações do proletariado teríamos que voltar aos jacobinos, ao General Ludd, atravessar o século XIX, com o cartismo, o trabalhismo, o anarquismo, as revoluções de 20, 30 e 48, a primeira Internacional, a Segunda e seus partidos socialistas, social-democratas e concluir com o surgimento da Internacional Comunista. Não faremos isto.

Em 1917, a despreparada burguesia russa deparou-se com a mais eficiente organização socialista do mundo, o Partido Operário Social Democrático da Rússia (Bolchevique). Em Fevereiro o Tzar caiu, todas as forças políticas foram chamadas ao governo sucessivamente. A Burguesia utilizou todos os seus recursos, mas não foram suficientes. Em Outubro os bolcheviques organizam o assalto ao poder, que era na verdade a decapitação do Estado burguês oficial, pois o Estado proletário praticamente já existia, eram os Soviets.

O novo Estado, socialista, construíu a Internacional Comunista, cuja principal tarefa foi talhar Partidos Comunistas em todo o mundo. O Partido Comunista da União Soviética tornou-se o exemplo de partido para todos eles.

Alguns problemas dos novos Partidos Comunistas espalhados pelo mundo eram comuns a todo canto. O despreparo, por exemplo. Na verdade, o estudo era um hábito raro. Onde não havia sequer movimento social-democrata (como no Brasil), sequer havia obras de Marx, de Engels ou de qualquer outro. Onde havia o movimento social-democrata, em sua degeneração já não estimulava o estudo – o oportunismo vive da desinformação.

O desenvolvimento do PCT

O Partido Comunista da Tcheco-Eslováquia surgiu com dificuldade. Em 1918 surgiu na Rússia, criado por prisioneiros de guerra, tchecos, instruídos pelo próprio Lênin. Mas como força expressiva, surgiu mesmo em 1920, ala esquerda do Partido Democrata Social (surgido em 1878 como ramo do Partido Social-democrata Austríaco).

Surgiu oportunista (vacilou em assumir o comunismo, ficou tentando tomar o controle do PDS), economicista (dava extrema importância às questões reivindicativas, econômicas, e tinha dificuldade em fazer a ligação com as questões políticas) e espontaneísta. Tinha uma vantagem - a coragem de ter rumos próprios sobre tática e métodos.

Nasceu grande. Nas eleições de 1920 o PDS teve 1.590.000 dentre um total de 6.200.302 de votos. Em 1925, primeira eleição do PCT, o Partido Agrário (a direita) teve somente 36.000 votos a mais que os comunistas, que ficaram com 12% dos votos. Teria até 1939 (invasão nazista) sempre cerca de 10% dos votos, em um país no qual ninguém tinha mais de 14% normalmente.

Por outro lado nunca foi forte nos sindicatos. Os sindicatos comunistas não atingiram mais de 12% dos sindicalizados, tendo descido a 6% em 1939. A Tcheco-Eslováquia tinha uma estrutura sindical rachada entre os partidos, à semelhança do que hoje acontece no Brasil, em que cada central é na verdade o braço sindical de um partido.

Até 1929 a Internacional fez repetidas intervenções no PCT. Em 29, nova direção, revolucionária pelos padrões da Internacional, foi eleita pelo Congresso (depois de muita pressão). Para se ter idéia da importância dada ao caráter revolucionário do Partido, de 100.000 filiados, o PCT desceu a 24.000, comemorando.

Em 1938, o Partido Comunista foi o único disposto a resistir aos fascistas. Em 1939, um governo aliado à Alemanha (governo fantoche que assumiu após a renúncia do presidente Benes) pôs o PCT na ilegalidade.

Para maior operacionalidade o Partido dividiu-se em duas áreas – Tcheca e Eslováquia. Muitas lideranças do Partido foram para Moscou. Depois da guerra foi possível identificar tipos diferentes de quadros, como os da resistência, os exilados (Moscou e Londres) e os dos campos de concentração.

Durante a Guerra, só o PCT, dos partidos tchecos, ficou organizado. Perdeu três Comitês Centrais, cerca de 25.000 membros.

Foi a Guerra que fortaleceu o PCT a ponto de permitir-lhe tomar o poder. O país tinha características que, normalmente, dificultariam a revolução. Na Tcheco-Eslováquia, a maioria das classes dominantes era de origem alemã e húngara, confundindo muito a luta de classes com a luta nacional. O país tinha possibilidades de resolver suas contradições com a exploração de países subdesenvolvidos (Em pequena escala podia ser considerado um país imperialista). Praga era reduto da Rússia branca. Partidos da direita sabiam passar-se por centro e esquerda (os partidos importantes eram o Agrário, o Popular, o Nacional-Socialista, o Democrata-Social e o Comunista.). Sempre todos isolavam os comunistas.

A guerra, que logo de início desmoralizou os Agrários, simpatizantes de Hitler, permitiu ao PCT enraizar-se mais entre o povo.

De 1943 em diante, o PCT apresentou um programa para a Tcheco-Eslováquia. Aviões soviéticos lançavam sobre o país ocupado jornais do PCT, que também montou rádios em Moscou.

O PCT propagou a idéia da criação de Comissões Nacionais (*a la* soviets). Quando a Tcheco-Eslováquia foi libertada, aos poucos, pelo Exército Vermelho, os comunistas conseguiram a *"parte do leão"* do novo governo. Além do Exército Vermelho, como suporte, tiham (a seu favor) a ameaça de desligamento da Eslováquia, onde a população de algumas regiões pedia anexação à URSS. O Presidente Benes (eleito antes da guerra), aceitou transferir, antes mesmo da libertação, o governo para Moscou. Depois aceitou indicar comunistas para postos chave do governo.

Em 1946, no 8° congresso do PCT, 57% eram operários, 8% empregados burocráticos, 5% artífices, 30% lavradores, profissionais liberais, burgueses, etc. As mulheres eram um terço do total. 18% dos filiados tinham menos de 20 anos e 51% menos de 45.

Neste mesmo ano o PCT conseguiu enorme vitória eleitoral, que lhe permitiu manter postos chaves do Governo. O PCT teve 38% dos votos, os Democratas Sociais tiveram 13% (51% no total). No Governo os comunistas realizaram reformas que só poderiam mesmo ser feitas sob a proteção do Exército Vermelho, pois já eram medidas de um Governo revolucionário. O "detalhe" é que o caminho para o socialismo não foi iniciado por um Estado proletário, embora o Estado burguês também só ainda existisse em seu invólucro, pois o centro de todo Estado, as forças de repressão, tinham sido suprimidas pela guerra (e depois foram reconstruídas pelos comunistas, em plena normalidade da reconstrução da Europa, em meses, com o apoio "técnico" do Exército Vermelho.)

Dali a dois anos os operários (armados) tomaram as ruas de Praga. Era o que a direita chamaria de "Golpe de Praga".

Os Novos Rumos do PCUS

Mas se o PCT tinha por inspiração a Revolução de Outubro, o Partido Bolchevique, a ditadura do proletariado, em Moscou o PCUS caminhava em outra direção.

A Guerra destruíra boa parte da URSS, mas a destruição econômica fora pouco perto da destruição política. Se o PCT fortalecera-se com a Guerra, o mesmo não se pode dizer dos comunistas russos, embora se possa dizer do PCUS enquanto Estado.

Milhões de comunistas foram mortos (e milhões de operários). O mercado negro cresceu, a atuação da burocracia corrupta (a pequena burguesia nunca satisfeita com o poder proletário) passou desapercebida. O Partido teve que aceitar quadros que mal conhecia, o resto do Estado mais ainda. Os expurgos do início dos anos 50 foram a prova de que as lideranças soviéticas estavam preocupadas. Queremos crer que tarde demais. Desde 1936, quando a Constituinte aprovou leis liberais, a contra-revolução (que nunca deixou de atuar através do mercado negro, de associações ilegais, da corrupção, da sabotagem, etc.) ganhou espaço para atuar - podia crescer e colocar pessoas em postos chaves, o que antes era bem mais difícil. Foi a tentativa de executar, com a tática que Lênin percebeu nos contra-revolucionários:

> *"Os da Smena Vekh* (Mudança do Rumo – revista editada pela "Rússia Branca" no exterior) *exprimem o estado de espírito de milhares e dezenas de milhares de burgueses ou funcionários soviéticos, que participam na nossa política econômica. Este é o perigo principal e real. E por isso é preciso prestar a maior atenção a estas questões: quem vencerá efetivamente ? Falei da emulação. Não nos atacam diretamente, não nos agarram pelo pescoço. Ainda está por ver o que acontecerá amanhã, mas hoje não nos atacam de arma na mão, e apesar de*

tudo a luta contra a sociedade capitalista tornou-se cem vezes mais encarniçada e mais perigosa, porque nem sempre vemos com clareza onde está o inimigo que nos combate e quem é nosso amigo." (Lênin)

O plano que Stálin lhes atribuiu:

"O smenovezhismo é uma ideologia da nova burguesia que cresce pouco a pouco e vai se fundindo com o Kulak e a intelectualidade burocrática. A nova burguesia formulou a sua ideologia, a ideologia smenovezhista, segundo a qual o partido comunista tem que degenerar e a nova burguesia tem de consolidar-se. Ademais nós, os bolcheviques, temos de atingir imperceptivelmente os umbrais da república democrática, mais tarde cruzaremos estes umbrais e, com a ajuda de algum César, saído das fileiras militares ou covis, nos encontraremos na situação de uma república burguesa vulgar." (Stálin)

Fica parecendo que só esperavam a morte de Stálin (que ocorre em 1953). Algumas das reformas mais importantes feitas depois de 1956 já haviam sido propagandeadas durante a chamado "período stalinista", e rebatidas com sucesso pelo dirigente, que vivo, com o amor que lhe tinha o povo, abafaria qualquer contra-revolução, ao som de fuzis. O quarto plano quinquenal (46-50) tivera um crescimento anual de 11,9%, o quinto (51-55), 11,3%.

O substituto de Stálin seria em seu grupo Malenkov. Ficou no comando de 53 a 55. Fez uma proposta que seria retomada em Praga – expandir a produção de bens de consumo. A crítica a esta proposta é uma das alegações para demiti-lo, com tropas nas ruas de Moscou em 1955, o Golpe de Moscou.

Kruchev o substituiu. Entregou mais poderes aos governadores das repúblicas (depois suprimiria direitos dos povos não russos, em aparente contradição. Mas quem tomou o controle da direção do Partido, antes já tomou as regionais do Partido. Na verdade, nos expurgos da década de 30, indivíduos expulsos do Partido pelas bases eram refiliados pelos regionais... Em 90 as republicas estavam todas controladas pelos russos, *com autonomia para administrá-las*).

O XX Congresso do PCUS, que fortaleceu Kruschev, votou um plano quinquenal que – santa democracia – foi suspenso por Kruschev em 1957. É que em 1957 foram abolidos os Ministérios Centrais e em seu lugar foram criados 105 conselhos econômicos regionais. Os diretores das empresas ganharam mais autonomia, ou seja, a corrupção foi facilitada dando-se asas aos administradores locais. As Estações de Máquinas e Tratores foram vendidas a retalho. Foi instituído um novo plano "qüinqüenal" (o sétimo) de sete anos. Um *sucesso* - metade da produção do quinto. A média de crescimento caiu para 6,5%, decrescente ao longo do plano (8% em 59; 3,8% em 63).

Em 1961 o XXII Congresso do PCUS, de tão democrático (aboliu a ditadura do proletariado e o partido da classe operária) instituiu a Pena de Morte para crimes econômicos, diante da situação ridícula das reformas econômicas...

Os dirigentes russos da época elaboram todo um discurso para justificar a política que adotavam. O fim da ditadura do proletariado seria o início do comunismo. Não existiriam mais classes, então, não havia mais motivos para um partido dos operários.

O mundo entrava em uma nova época, em que seria possível a convivência pacífica com o capitalismo, não somente como política do Estado, mas como princípio do movimento comunista. Os Partidos Comunistas foram orientados a abandonarem a tática revolucionária. A luta pacífica contra o imperialismo seria feita no terreno econômico.

De acordo com estas teses (que, pelos discursos feitos em 68 contra o PCT, afirmam não ser nenhuma revisão de posições, pois *revisionistas eram os tcheco-eslovacos*), contraem empréstimos do ocidente e põe seus bancos lá para funcionar como exportadores de capital (atuando conforme Lênin considerava um país imperialista). O EuroBank, de 1948 a 1958 tem seus ativos acrescidos de 7 para 200 milhões. O Moscou Narodny Bank, de 59 a 60 passa de 24 a 251 milhões. O que eram instituições auxiliares do comércio passam a trabalhar com agiotagem, como qualquer banqueiro.

Interessa-nos em especial a mudança de atuação em relação aos países socialistas. Entre eles, a princípio o comércio era feito com base em preços negociados, para não reproduzir o comércio desigual existente no capitalismo. Mas em 1958 a URSS pressionou para a adoção dos preços do mercado mundial. Orientou também a chamada especialização (com um discurso muito semelhante ao de nossos livre-cambistas) – cada país deve produzir aquilo para que tem mais afinidade. Antes a orientação era para independência econômica.

Na verdade a URSS estava abandonando a perspectiva de mercado socialista e de enfrentamento da divisão social do trabalho. Em 1965, Che Guevara disse a respeito:

"Não pode haver socialismo sem uma mudança nas consciências que levem a uma atitude fraternal diante da humanidade, tanto de índole individual nas sociedades em que se constrói ou já se construiu o socialismo, quanto de índole mundial em relação a todos os povos que sofrem a opressão imperialista. Acreditamos que é com este espírito que deve se enfrentar a responsabilidade da ajuda aos países dependentes e que não se deve falar mais em desenvolver um comércio de benefício mútuo baseado nos preços que a lei do valor e as relações internacionais de troca desigual (fruto da lei do valor) impõem aos países atrasados... Se se estabelece este tipo de relação entre os dois grupos de países (países socialistas e em desenvolvimento), há de se convir que os países socialistas são, em certa medida, cúmplices da exploração imperial."

Em 1964 Kruchov já estava desmoralizado, foi substituído por Brejnev, com um discurso de retorno ao rumo socialista (Recria os Ministérios Centrais), mas trazendo reformas liberais mais atrasadas que de seu antecessor. Ampliam-se, de novo, os poderes dos diretores de empresas. Aplicam-se métodos da autogestão Iugoslava. As empresas passam a ter o lucro por meta. A URSS passa a receber investimentos diretos do estrangeiro.

Ora, uma dúvida não pode deixar de ser explicitada. Como se relacionava esta autonomia das empresas, sob controle dos administradores, com as políticas externas. Não eram algumas empresas beneficiadas ? Por exemplo, as ligadas à produção bélica, ao transporte, à exportação ? O que tem tudo isso com a economia socialista?

1965 é o marco inicial de reformas semelhantes na Alemanha Democrática, na Bulgária e na Tcheco-Eslováquia. São reformas feitas em nome da modernização econômica. Seria atrasado o planejamento pelos conselhos de operários e camponeses, moderno seria o liberalismo. Pois vejamos. O oitavo plano quinquenal, de 1966-1970teve uma média de 7,7% de crescimento anual. O plano de 1971-1975 e o de 1976-1979 caíram para 5,6%. Em 1980 o crescimento foi de 3%, boa parte relacionada a gastos militares. Claro que em comparação com países capitalistas esses números parecem bons, mas em comparação com a própria União Soviética eram pífios.

Vinte anos de eleições a "bico de pena".

A vanguarda dando ré

A Tcheco-Eslováquia não se tornou um país dependente da Rússia, até por que, em 1948, nem as repúblicas da própria URSS ou mesmo as nações do território russo estavam em situação de subordinação política (e todas caminhavam para certa independência econômica). Em 1947, ainda governando um país com Constituição liberal, a Tcheco-Eslováquia aceitou um empréstimo da França e da Grã-Bretanha, ao qual depois recusou por insistência soviética. Em 1955 o país ainda estava no FMI e no Banco Mundial, tendo sido expulso por alegados motivos técnicos. Guardava portanto (a princípio) uma relativa independência da URSS.

Tornou-se sim, por motivos próprios à Tcheco-Eslováquia, uma caricatura (desenhada pela burguesia) do país aliado.

O PCTchecoeslovaco era o mesmo que no passado não conseguira absorver mais de 12% dos sindicalizados. Para manter o país no rumo socialista o PCT fraudou todas as eleições até 1968 (e depois também). Sempre tinha 98% dos votos, nunca as eleições eram de fato secretas, de forma que as pessoas sequer votavam em outros candidatos que não os do Partido (Para que ? O resultado seria o mesmo.).

Os sindicatos foram atrelados ao governo, e quando a economia começou a complicar-se atuaram desavergonhadamente contra os trabalhadores. As coisas chegaram a um ponto em que os trabalhadores rendiam menos no emprego, para vender sua força de trabalho no mercado negro. A Tcheco-Eslováquia tinha a maior percentagem da Europa de mulheres no mercado de trabalho - elas precisavam complementar a renda familiar.

Alguma semelhança como a democracia soviética? Onde foram parar os Conselhos Nacionais que combateram os nazistas ?

As dificuldades do PCT se explicitam, mais que na política, na condução da economia, uma imitação perigosa (e depois uma subordinação vergonhosa), em condições completamente diferentes. Em 1966, 47% dos investimentos eram para as áreas de mineração, combustível, metalurgia e força motriz (indústria de base). Nesta época, a indústria dos países capitalistas centrais voltava-se para o desenvolvimento da indústria metal-mecânica, para a completa substituição do carvão pelo petróleo, e para a área de transporte-comunicação. Mas na Tcheco-Eslováquia a pesquisa estava abandonada.

Também se os países da Europa Central modernizassem suas indústrias, o que seria da economia soviética de Brejnev e Kruchov ? Mesmo nos momentos de maior crescimento das relações econômicas entre a URSS e os países capitalistas centrais ou subdesenvolvidos, no mínimo cerca de dois terços do comércio – sempre com superávit – era feito com os países do campo socialista. No ritmo em que ia a economia soviética, um déficit na balança não ajudaria quem estava no poder. A população, por sua vez, precisava de bens de consumo, construção civil, serviços.

Os produtos tornavam-se obsoletos para o mercado mundial (não havia incentivo à pesquisa) e a balança comercial tendia a ficar deficitária. Era preciso exportar cada vez mais para conseguir as mesmas divisas (é conveniente lembrar, nesta época entre os Estados socialistas já aplicava-se os preços do mercado mundial).

Na administração desta economia mal planejada (observem que os Comitês Nacionais, citados ao tratarmos da luta contra os nazistas, não voltam a serem citados ao tratar da economia) havia algumas aberrações. Os preços estabelecidos para as empresas não obedeciam nenhuma ciência econômica e tinham tendência a ficarem congelados, fazendo com que algumas se tornassem lucrativas em demasia e outras deficitárias. Nesta época a Tcheco-Eslováquia havia adotado as reformas econômicas preconizadas por Brejnev em 1965, na URSS – Lucro como critério de sucesso, autogestão *a la* Iugoslávia etc. Ou seja, se o planejamento estatal não estava funcionando bem, também não era o liberalismo que ajudaria, em lugar nenhum. A produção acabava se descontrolando, tornando-se tão ou mais anárquica que a capitalista.

Haviam também significativos problemas ideológicos, como a discriminação contra jovens, trabalhadores manuais, trabalhadores não qualificados e pessoas não engajadas (leia-se não filiadas ao Partido).

Os comunistas de fato não estavam dirigindo a Tcheco-Eslováquia para o socialismo. À frente da revolução, estavam dando ré.

Uma Primavera Socialista ?

A nosso ver, os comunistas tcheco-eslovacos estavam muito mal preparados quando chegaram ao poder, tendo precisado lançar mão de métodos pouco eficazes, utilizando táticas incorretas e deixando-se tutelar pela URSS até quase perderem a capacidade de caminharem com as próprias pernas.

Mas em todo canto podem desenvolver-se comunistas e parece ter isto acontecido na Tcheco-Eslováquia. Comunistas capazes o suficiente para hegemonizarem os movimentos surgidos pelo descontentamento crescente do povo. O problema é que enquanto na Tcheco-Eslováquia comunistas floresciam, na URSS o Partido Comunista caminhava em sentido contrário.

Velhas novidades em Praga

Desde o início de 1967 algumas coisas estranhas começaram a ocorrer na Tcheco-Eslováquia, como o surgimento de Conselhos operários. Os dirigentes russos falavam de novos tempos, mais democráticos, ao tempo em que destruíam o poder operário, mas os tchecos e eslovacos não sabiam disso, e resolveram destruir em seu país o que os russos construíam no seu. Por isso os debates acalorados entre uns e outros, e aparentemente tão esdrúxulos, sobre o *"aperfeiçoamento da democracia socialista."* Os russos estavam falando do fim do socialismo, e os tchecos e eslovacos de sua construção.

Ocorre ainda em 1967 um congresso regular da União dos Escritores Tcheco-Eslovacos. Neste congresso um famoso escritor fala:

> *"Desde o começo deste ano, estamos no renascimento de um processo de democratização. Isto começou no Partido Comunista. Devemos dizê-lo, e as pessoas que se encontram fora do Partido e que não esperavam de nós nenhuma ação útil, sabem-no também. Devemos acrescentar que este processo não teria podido começar em outra parte. Somente os comunistas puderam, durante vinte anos, ter uma certa vida política."*

Bem, uma declaração infeliz quanto ao aspecto teórico (Mesmo sob a mais ferrenha ditadura as pessoas têm vida política, as classes sociais podem atuar politicamente e a história está repleta de exemplos, para começar com o que acontecera sob os Estados socialistas deste 1917.) mas reveladora pelo conteúdo e reveladora do nível de (des)preparo dos comunistas desses países.

Este congresso tomou decisões polêmicas. Pediu a livre relação entre os cidadãos e o Estado, a política e a cultura. Pediu liberdade de criação e atacou veementemente a censura. Pediu a *"reabilitação total de cidadãos ilegalmente condenados."* Jiri Hendrich, responsável no Comitê Central pela censura, indicado para assistir ao congresso, retirou-se no primeiro dia do mesmo. A direção da União dos Escritores, votada pelo congresso, não foi aceita pelo Partido. Depois foi modificada a direção do jornal da União. Os escritores, em resposta, pararam de escrever no jornal e os leitores pararam de lê-lo.

Em 30 de Outubro de 1967, Dubcek enfrentou o Presidente Novotony (também Secretário Geral do Partido Comunista) na reunião do Comitê Central. Iniciou-se uma luta no Partido, que resultou na queda de Novotony (só da secretaria geral do Partido, não da presidência da República) e na eleição de Dubcek para Secretário Geral do PCT, em 5 de janeiro de 1968 (em *A Primavera de Praga*, da coleção tudo é história, a data é 19 de setembro de 1967.). Discutiram o congresso dos escritores e um recente episódio em que uma manifestação estudantil fora reprimida com assustadora brutalidade.

Em 27 de janeiro o PCT inaugurou uma loja onde se podia comprar jornais de todos os países do mundo. No discurso de abertura Dubcek anunciou que dali em diante seriam publicados estratos de todas as reuniões do Comitê Central e admitiu que as bases do Partido eram pouco informadas dos trabalhos da direção. Os comunistas fizeram verdadeiras autocríticas:

> *"Na vida interna da República apareceram o sectarismo, a opressão dos direitos democráticos e das liberdades do povo, atentados à legalidade e elementos de arbitrariedade e de abuso do poder. Isto conduziu ao solapamento da iniciativa do indivíduo."*

Bem, se há um fato hoje inegável é que nos países socialistas havia luta política (entre diferentes classes sociais e setores de classe, embora utilizando um palavreado marxista.).

Todo mundo levantou a cabeça na Tcheco-Eslováquia. Surgiram conselhos operários, mas também defensores de "eleições livres" (como no Brasil.). O Conselho do Povo Eslováco pediu a criação de um Estado Federal. Foi publicado o *Manifesto das Duas Mil Palavras* (que Dubcek considerou provocador.). Os Social-democratas tentaram reorganizar o seu partido. Os sindicatos atuaram com autonomia. Surgiu um Clube dos Apartidários Engajados, que reivindicava 6.000.000 de membros e lutar *"pela democracia, na base dos direitos do homem e partindo da realidade socialista."* Surgiu também o Clube dos 273 (perseguidos políticos). Mais que uma primavera, foi uma tempestade, com direito a *hippies* e *beatniks*.

Em 4 de março a censura foi suprimida (em 6 Jiri Hendrych foi substituído por Spacek em suas funções no C.C.). O General Sejna, ex-Ministro da Defesa, aliado do Presidente Novotny, envolvido em um escândalo financeiro, fugiu para os EUA, seu ex-vice-Ministro se suicidou. Caiu também o Ministro do Interior e o da Defesa. Surgiu grande pressão popular pela renuncia de Novotny. Em 21 de Março, alegando problemas de saúde, Novotny renunciou.

Em 30 de Março foi eleito presidente o General Svoboda (Herói de Guerra para a URSS. Comandante das forças tcheco-eslovacas que combateram em defesa daquele país.), nas primeiras eleições de fato secretas em 20 anos. Svoboda anistiou cerca de 1000 pessoas (expurgadas na década de 50), e também condecorou a família de Rudolf Slansky, enforcado em 1952 sob a acusação de alta traição (Fora o dirigente da tomada do poder em 1948.).

Em 1° de Abril Jiri Hendrych renunciou ao C.Central.

Abril é o mês em que o PCT publicou o programa que podemos considerar o apogeu da Primavera de Praga (Abril aliás é o meio da primavera na Tcheco-Eslováquia.). A nosso ver, são estas as principais características do programa:

- O PCT compromete-se com as liberdades de pensamento, consciência, imprensa, reunião, associação e circulação.

- Justiça independente do Partido.

- Direito de greve quando tudo já tiver sido tentado para resolver os problemas sem greve.

- Comprometia-se a examinar a questão religiosa.

- A Eslováquia ganharia autonomia (seria uma federação simétrica, respeitando todas as nacionalidades.).

- Mantinha-se a amizade com a URSS, mas sob os princípios de soberania, igualdade, respeito mútuo e solidariedade internacional. A Tcheco-Eslováquia *"formulará o seu próprio ponto de vista sobre as questões fundamentais da política mundial."*

Em 18 de Abril Smrkovsky foi eleito presidente da Assembléia.

O PCT anunciou que negociaria créditos com a Alemanha Ocidental. Ora, a URSS recebia créditos ocidentais e receberia até investimentos diretos (Ainda sob direção de Brejnev.).

Cisar, membro do Comitê Central do PCT, declarou que o Partido precisava de um congresso, pois seu Comitê Central já não era representativo para as bases do Partido. Dubcek concordou em 26 de Abril.

Em Maio foi publicada uma pesquisa revelando que 76% da população apoiava o governo.

Além de atitudes e programas políticos, os dirigentes do PCT tinham teorias diferentes das dominantes na URSS. Em economia o expoente era Ota Sik, e suas idéias são de fato interessantes. À época, criticando a dificuldade da economia planificada para industrialização intensiva (Extensiva é espalhar indústrias, intensiva potencializar o parque industrial existente), economistas soviéticos haviam concluído tratar-se de problemas nas empresas e proposto a adoção de métodos liberais, privilegiando o incentivo material, a autonomia e indicando o lucro como objetivo ao invés dos planos. Ou seja, a proposta de Malenkov, de que a URSS se voltasse para a produção de bens de consumo sem modificar o método de planejamento e administração, foi abandonada. Pois Ota Sik propôs outra coisa. Não criticou os soviéticos, nem deles tratou. Criticou primeiro a direção incorreta da economia de seu país, concluindo que deviam diminuir os investimentos na tradicional indústria de base e crescer os investimentos em pesquisa, indústria eletrônica, química, maquinaria e utensílios industriais. Sobre a administração as idéias de Sik remetem-nos a uma reflexão. O estudo dos países socialistas leva a algumas opiniões sobre a "intelectualidade burocrática" (atacada por Stálin, chamada de *"pequena burguesia"*, *"funcionários soviéticos"*, por Lênin). No capitalismo a burocracia industrial não se emancipou, é limitada, controlada, pois escolhida e empregada pela burguesia. Quando o proletariado derruba a burguesia, liberta esta burocracia. Ora, sabemos que não existe sequer uma teoria aprofundada sobre o Estado proletário, Marx escreveu a respeito da Comuna, Engels deixou apontamentos, Lênin deixou textos importantes, como *O Estado e a Revolução*, mas nenhuma teoria mais completa foi elaborada, sobretudo depois de 1917. Ou seja, não se desenvolveu bem a compreensão sobre o instrumento do proletariado para controlar outras classes e categorias. Quem quer que tenha observado burocratas sabe que a burocracia (que carrega a ideologia enraizada entre a população – a ideologia burguesa) é movida pela rivalidade burocrática, onde a obediência e a autoridade são mais importantes que a competência. Todo burocrata sabe que pensar e criar não costuma ser bom para a carreira. Ota Sik propõe que os parâmetros para indústria sejam os custos de produção e a qualidade do produto, não o lucro (É uma resposta imediata e não liberal para a economia.), propõe o fechamento de indústrias defasadas e à autonomia contrapõe a escolha dos rumos da economia pelos consumidores. Em outras palavras, defende o planejamento democrático, pois o povo todo é consumidor.

Sobre as idéias políticas é interessante o que podemos perceber por uma intervenção de Dubcek no Comitê Central (que também abolira o tempo de intervenção). Dubcek não cita a URSS, mas nós temos que citar e tratar. Era nítido que na URSS o Partido e o Estado tinham praticamente se fundido. Lênin tinha afirmado que os comunistas não queriam suplantar o Estado, mas de fato tal aconteceu, quanto mais a cada reforma liberal das que se seguiram. Os conselhos haviam se esvaziado. Alexander Dubcek defendeu que o Estado tem que ser diferente do Partido. Não que este tenha que abrir mão de seu papel dirigente, mas dirigir não é suplantar o Estado. Defendeu que a democracia socialista é diferente da democracia burguesa. Aconselhou que se expandissem os conselhos de operários, que o Estado criasse formas de controle socialista sobre o Exército, a segurança, a justiça. Defendeu o fortalecimento das Milícias Populares. Considerou que todo cidadão deve poder participar das decisões do país.

A isto os dirigentes poloneses, húngaros, soviéticos, búlgaros e alemães consideravam revisionismo (termo difamador criado pela ironia de Lênin para os que pretendiam estar revendo Marx). A imprensa destes países noticiava que o socialismo estava em perigo na Tcheco-Eslováquia. Noticiava que neste país surgia enorme sentimento anti-soviético, que os dirigentes tinham simpatia pela Alemanha Ocidental (base de tropas da Otan). Os jornais tcheco-eslovacos foram retirados das bancas destes países. Essa medida é reveladora como poucas, pois mostrava que o que mais se temia na Primavera de Praga era que ela se alastrasse.

Interessante notar como em 1968, quando a contra-revolução já fazia dez anos no poder na URSS, os dirigentes que estavam sabotando a transição ao socialismo precisavam, em palavras, defender o socialismo. O *Pravda* por exemplo, publicou uma carta de operários de Praga (da Auto-Praha) criticando seus dirigentes pelas denuncias que faziam de tropas do Pacto de Varsóvia ao redor e dentro do território Tcheco-Eslováco, em manobras. (por esplendida coincidência a fábrica era a mesma onde depois ocorreria o Congresso clandestino do

PCT – escondido das tropas do Pacto, desmentindo os soviéticos.) Os tanques invasores chegaram carregando enormes reservatórios de combustível sem blindagem, pois as tropas não esperavam nenhuma resistência, esperavam que a população os saudassem como salvadores do socialismo. Os soldados a princípio tentaram convencer os populares disto.

Em Maio, Junho, Julho e Agosto ocorreriam vários encontros, comunicados e trocas de visitas entre os países do campo socialista. Pareciam surdos mudos conversando em línguas diferentes.

Dentro da Tcheco-Eslováquia todo mundo se mexia, dos comunistas aos liberais. Perguntamo-nos se muito do que aconteceu não foi provocação. Dubcek, por exemplo, considerava o *Manifesto das Duas Mil Palavras*, de 27 de junho de 68, provocativo. Nós consideramos que se não era provocativo era uma discreta resposta da oposição (normalmente calada) aos comunistas, que tomavam a iniciativa das reformas e deixavam-na sem bandeiras. Podia muito bem ser as duas coisas.

Nos dias 18 e 19 de agosto o Governo mandou movimentar as tropas para a defesa do país. Tarde demais, no dia 20 as tropas de cinco países (URSS, Polônia, Hungria, Bulgária e Alemanha Democrática) invadiram a Tcheco-

Eslováquia. Os países do Pacto de Varsóvia colocaram na Tcheco-Eslováquia um soldado para cada 28 cidadãos.

O Comitê Central resolveu esperar as tropas reunido. Dubcek foi preso por pára-quedistas que caíram sobre a sede do PCT. Dos 46 anos que tinha, 30 eram de luta comunista (desde 1938, para atuar contra os nazistas). Afirmou: *"Estou acostumado"*. Afirmação contrastante com o normal: *"Por que?"*, pichado e dito nas ruas.

No primeiro dia foram 23 mortos, cerca de 200 feridos. No segundo dia ocorreu clandestinamente o XIV Congresso do PCT, na clandestinidade, do qual infelizmente não encontramos documentos. Este Congresso, de certa forma salvou os dirigentes do país, pois deixou aos dirigentes russos a escolha entre liberá-los ou colocar-se contra todo um Partido Comunista de um país do campo socialista. Outro fator de salvação foi o Presidente Svoboda, herói de guerra para os soviéticos, já com 73 anos, que foi pessoalmente a Moscou e voltou com Dubcek e os outros prisioneiros. (Conta a lenda que ele ameaçou suicidar-se na frente de Brejnev, o que seria de fato complicado.)

Na Tcheco-Eslováquia a população resistiu de formas inusitadas (e já famosas em nossos dias). Retirou todas as placas das ruas e estradas, deixando somente *"Moscou 1800*

Km.". Mentiram para os invasores, deixando-os perdidos. Embaralharam chaves de edifícios públicos, picharam as ruas - "*Ivan, pense no tesão sexual de Lena*", "*Circo russo na cidade, não alimentar os animais*", "*Partam, vão para casa. Ivan, go home*". Picharam suásticas nos tanques. Crianças e soldados tcheco-eslovacos distribuíram panfletos. Foram publicados jornais clandestinos que foram distribuídos pela polícia. A Rádio Praga orientou o povo enquanto não foi fechada, depois foram transmissores funcionando em movimento, dentro de caminhões, carros etc. Uma transmissão:

> *"Ignorem os soviéticos, tratem-nos como coisas, beijem e namorem sob seus narizes. Vivam. Mas façam em torno deles barragens invisíveis. Nada de aprovisionamento. Nenhuma informação. Não lhes vendam nada. Aqui ninguém fala russo. Ninguém aqui os compreende. Vocês não sabem mais onde ficam as ruas, os números das casas e as toiletes, os táxis, os meios de transporte."*

Um soldado russo se suicidou e outro foi morto por seu superior – negara-se a metralhar os populares.

Só havia especulações, algumas extremamente plausíveis, sobre as exigências dos russos:

- Ausência de represálias a pró-soviéticos.

- Interdição da Tcheco-Eslováquia para realizar conversações com a Romênia e a Iugoslávia.
- Limitação de intercâmbio cultural com o ocidente.
- Interdição de tcheco-eslovacos irem ao estrangeiro sem visto de saída.
- Mais cooperação com Comecom.
- Encerramento de negociações com a Alemanha ocidental.
- Partilha dos encargos de manutenção das tropas.
- Anulação do XIV Congresso.
- Retirada do "caso tcheco" do conselho de segurança da ONU.
- Restabelecimento da censura sob responsabilidade do Partido, não do Governo.
- Responsabilidade sobre a determinação da política do país, não do governo, mas do Partido.
- Algumas demissões (Ota Sik, por exemplo).
- Supressão de clubes.
- Expulsão dos jornalistas estrangeiros, demissão dos tcheco-eslovacos que foram contra a invasão.

Svoboda, Dubcek e todo o resto reassumiram suas funções, mas com as tropas russas no país (pelo acordo elas saíram das cidades). Em 1969, Dubcek renunciou a seus cargos. Smrkovsky foi retirado da presidência do Parlamento (não sem protestos de rua em contrário.). Os Conselhos de operários desapareceram e a produtividade do trabalho caiu.

Depois da invasão, mesmo que com palavreado da Primavera, a Tcheco-Eslováquia voltou a seguir o caminho da URSS, de volta ao capitalismo antes mesmo de cruzar o limiar socialista. Ocorreram outros incidentes e protestos (*A carta 77*, o *documento n.º 7* etc.). A repressão acentuou-se.

Difícil concluir sobre os acontecimentos da Primavera de Praga. O que nos parece é que haviam motivos de sobra – econômicos, políticos e ideológicos – para o choque com a URSS. Parece-nos também muito claro que ao menos um dos lados certamente não era socialista. As acusações do *Pravda* de que o PCT estaria sendo destruído pela direita e teria abandonado o marxísmo-leninísmo contrastam com os caminhos seguidos pelo próprio PCUS. Pelos artigos soviéticos sobre a economia socialista na Tcheco-Eslováquia fica claro que a população soviética estava completamente desinformada das reformas impostas pela URSS ao Comecom. Só um lado da questão falava a verdade ao povo. Quem publicava estratos das reuniões do C.C.? Quais soldados não sabiam o que estava acontecendo? Quem falava de lucro? Quem não tinha medo dos jornais estrangeiros?

Outra coisa. Se Stálin e Lênin estavam certos a respeito da *Smena Vekh*, é provável que a burguesia tivesse um planejamento de suas ações na Tcheco-Eslováquia. Os dirigentes soviéticos seriam aliados, não inimigos, dos provocadores que forneciam munição para seus ataques ao Governo tcheco. Os serviços de inteligência dos EUA e de seus aliados, e os da União Soviética talvez tenham trabalhado no mesmo sentido em Praga - criar desculpas para uma invasão militar soviética.

Parece-nos óbvio também que o PCT estava muito mais próximo do leninismo que Brejnev. De toda forma, ninguém em sã consciência desconhece que a invasão beneficiou as potências capitalistas e prejudicou todos os trabalhadores da Terra. A partir de 1968 o mundo todo compreendeu que o socialismo estava sendo derrotado na União Soviética, que por isso mesmo não duraria mais 20 anos.

É interessante perceber que a economia dos países socialistas só estava em queda por sabotagem de seus governantes e seus sócios corruptos nas direções das empresas, e mesmo assim essa crise precisava ser realimentada por constantes medidas governamentais desorganizadoras da produção. Para levar a União Soviética a um crescimento nulo, em 1989, foram necessários 30 anos de sabotagem dos próprios governantes. Nota-se também que os povos, tanto soviéticos quanto tcheco e eslovaco, esforçavam-se por serem socialistas, e seus governos disputavam na opinião pública qual era verdadeiramente socialista, de forma que portanto também do ponto de vista ideológico o socialismo não enfrentava problemas. O que sobra é o aspecto político! Os Soviets se dissolveram na malfadada Constituinte de 1936, seguindo-se a crise política que se conhece. Na Tcheco-Eslováquia o poder era mantido por meio de fraudes e repressão. Em resumo, as revoluções socialistas do leste europeu não fracassaram nem por motivos econômicos, nem ideológicos, mas sim por motivos políticos, ou mais precisamente, por não terem ainda um desenho de Estado eficiente para o que se propuseram.